SANS SERIF DISPLAY ALPHABETS

SANS SERIF DISPLAY ALPHABETS

100 COMPLETE FONTS

SELECTED AND ARRANGED BY

DAN X. SOLO

FROM THE

SOLOTYPE TYPOGRAPHERS CATALOG

DOVER PUBLICATIONS, INC. • NEW YORK

International Standard Book Number: 0-486-23785-0
Library of Congress Catalog Card Number: 78-74144

Manufactured in the United States of America
Dover Publications, Inc.
31 East 2nd Street
Mineola, N.Y. 11501

Anzeigen Grotesk Bold

ABCDEFG
HIJKLMNOPQRS
TUVWXYZ

abcdefghijklm
nopqrstuvwxyz

1234567890

(&$$¢¢/:;‘’”!?-·*)

Aquarius 2

ABCDEFGHIJKLMN
OPQRSTUVWXYZ

abcdefghijklmn
opqrstuvwxyz

1234567890
(&.,;:-”’‘“!?$¢£%)

Aquarius 6

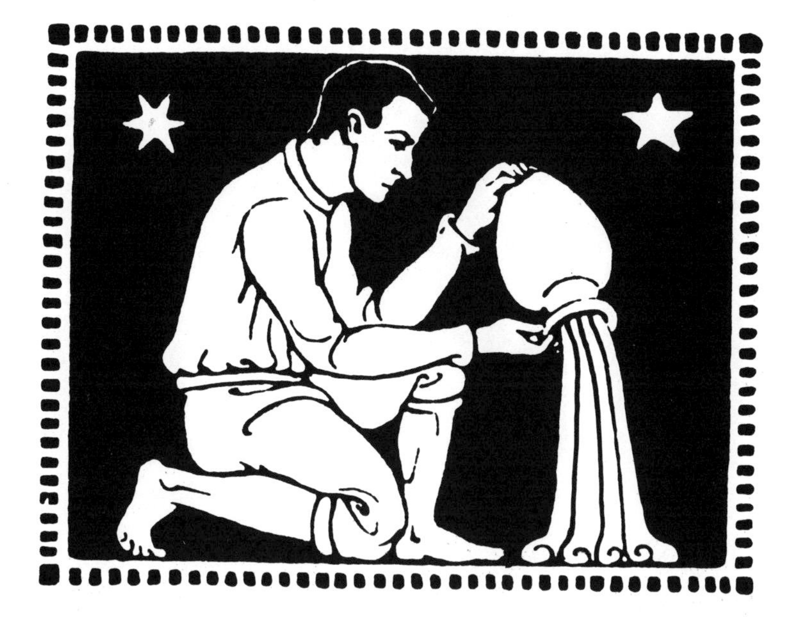

ABCDEFGHIJKLMN
OPQRSTUVWXYZ
abcdefghijklm
nopqrstuvwxyz
1234567890
(&.,:;-'""!?·$¢£%)

arthur grotesk

Number 1

aabccdeefcghiijjklmno

pqrssttttttuvwxxyyz

Number 2

aabccdeefcghiijjklmno

pqrssttttttuvwxxyyz

1234567890

(£$¢%.,"'!??dz)

Aurora Bold Condensed

ABCDEFGHIJKLMN
OPQRSTUVWXYZ

abcdefghijklmno
pqrstuvwxyz

1234567890
(&.,:;-!?$¢£)

Avant Garde Gothic Lite

abcdeefffffiflffifflghijklm
nopqrsttuvvvwwxyz

([&$¢%#£/.,:;!?''""-*])

Avant Garde Bold

A A A B C C C CA D E EA F EA FR [approximately]

G GA H T H H T I J K KA LA LA LL M [approximately]

M M N N NT O P PR R Q R R RA S S S [approximately]

S S T S T T U U T V V V V W W

W X Y Z AT a e e i m n r

abccdeefghijklmnop

qrsttuvvvvwwwwxyyz

11234567890

[(&&&$¢/.,:;!?“”–*)()]

AVANTI GOTHIC

ABCDEFGH
IJKLMNOPQR
STUVWXYZ

1234567890
(&.,:;-'''''!?$)

Basilea

ABCDEFGHIJ
KLMNOPQRST
UVWXYZ
abcdefghijklm
nopqrstuvwxyz

1234567890
(&.,:;'"'"-!?$¢%/$)

Bauer Topic Bold

AABCDEEFG
HIJKKLMMMNNNOPQ
RSTUVWWXYZ

abcdefghiijklm
nopqrstuvwxyz

1234567890

(&$¢/.,:;'-!?)

Bauer Topic Bold Italic

ABCDEFG
HIJKLMNOPQRS
TUVWXYZ

abcdefghijklm
nopqrstuvwxyz

1234567890

(&$$/.,:;'-!?®*)

Bauhaus Demi

ABCDEFGHI
JKLMNOPQRS
STUVWXYZ

abcdefghijklmno
pqrsstuvwxyyz

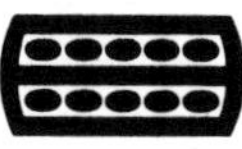

1234567890
(&.,:;-–'"”?!$¢)

Bernhard Gothic Heavy

ABCDEFG
HIJKLMNOPQR
STUVWXYZ

abcdefghijklm
nopqrstuvwxyz

1234567890 akrsu

(&€$$/.,:;-''""''""!?.:.)

Blippo Bold

ABCDEFG
HIJKLMNOPQR
SSTUVWXYZ

aabbccddeeffggg
hhiijjkklmnoppqq
rrssttuvwxyyz

1234567890
(&&&$/.,:;-''!?)

Britannic Bold

ABCDEFG
HIJKLMNOPQRS
TUVWXYZ

abcdefghijklm
nopqrstuvwxyz

1234567890

(&$¢$¢/.,:;-‘’!?*)

BURKO CIRCLE

AAABCDEFFGH
HHIIIJJJKKLLMM
MNNNOPPQR
RRSTTUUVVVWW
WXXXYYZ

112344566789900
(&:;-'"!?$¢)

Clearface Gothic Light

ABCDEFGHIJKLMNO
PQRSTUVWXYZ

abcdefghijklmnop
qrstuvwxyz

1234567890
(.,:;-‘’?!$$¢&)

Continental

ABCDEFGHIJ
KLMNOPQRST
UVWXYZ

abcdefghijklmn
opqrstuvwxyz

1234567890
(&$.,:;'"“”-!?¢%/)

Continental Black

ABCDEFGHIJ
KLMNOPQRST
UVWXYZ

abcdefghijklmn
opqrstuvwxyz

1234567890
(&$.,:;'‘“”-!?¢%/)

Cortina

ABCDEFGHIJ
KLMNOPQRS
TUVWXYZ

abcdefghijkl
mnopqrrst
uvwxyz

1234567890
[&.,:;"'!?$¢%]

Cycle

ABCDEFGH
IJKLMNOPQR
STUVWXYZ
abcdefghijklmno
pqrstuvwxyz
1234567890
(&:;'"-!?%$£¢)

Delta Medium

ABCDEFG
HIJKLMNOPQR
STUVWXYZ

abcdefghijklm
nopqrstuvwxyz

1234567890

(&$¢.,:;'"“"!?--%*)

Delta Medium Italic

ABCDEFG
HIJKLMNOPQR
STUVWXYZ

abcdefghijklm
nopqrstuvwxyz

1234567890

(&$¢.,:;'""!?-–%)*

Dempsey Medium

ABCDEFGHI
JKLMNOPQRSS
TUVWXYZ

abcdefghijklmno
pqrsstuvwxyz

1234567890
(&.,:;-"«»?!$$£)

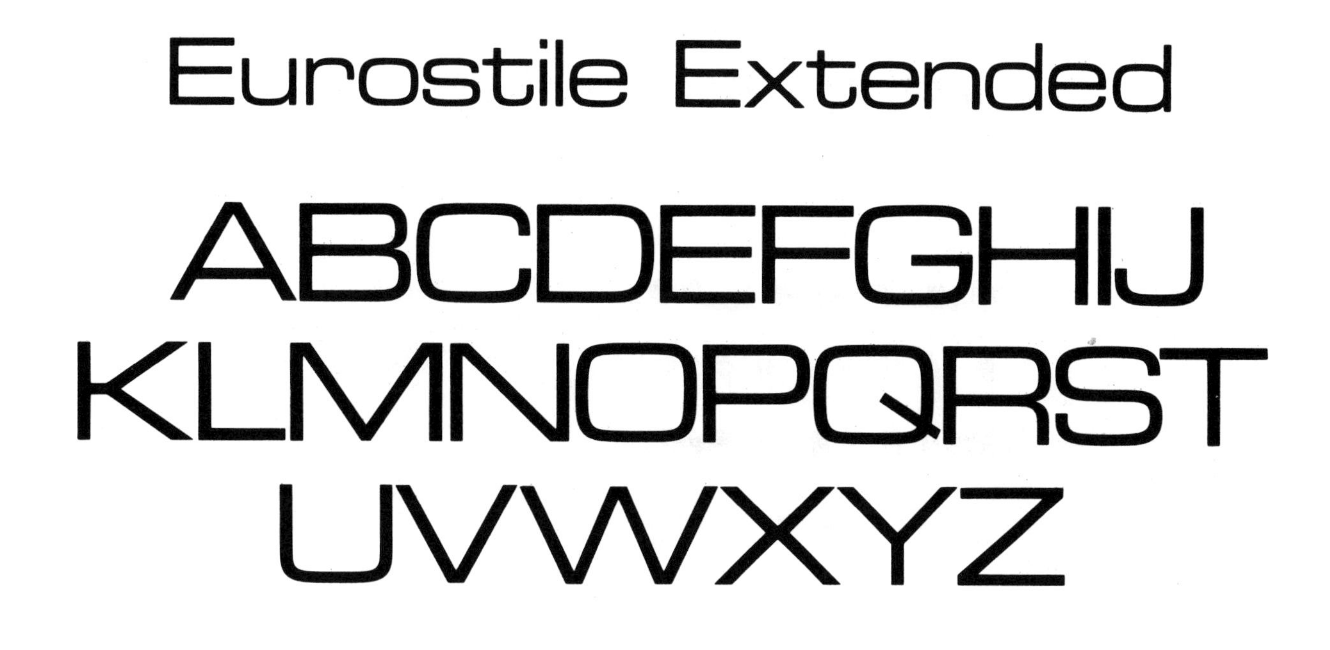

abcdefghijklm
nopqrstuvwxyz

1234567890

(&$$£¢.,:;–“”’!?-*-/)

Eurostile Bold

ABCDEFG
HIJKLMNOPQR
STUVWXYZ

abcdefghijklm
nopqrstuvwxyz

1234567890

(&$¢$¢.,-:;''!?*)

Eurostile Bold Extended

1234567890

(&.,:;-’‘!?$¢%)

Fat Albert

ABCDEFGHI
JKLMNOPQR
STUVWXYZ

abcdefghijklmn
opqrstuvwxyz

1234567890
[&.,:;-"“!?$&¢%]

Folio Bold Extended

AaBCDEeFG
HIJKLMmN
nOPQRrST
UVWXYZ

abcdefghijk
lmnopqrst
uvwxyz

1234567890

(&$¢/.,:;’‘!?-*)

Formula One

ABCDEFGH
IJKLMNOPQR
STUVWXYZ

abcdefghijklmn
opqrstuvwxyz

1234567890
(&.,:;"“!?$¢£)

FRANKFURTER

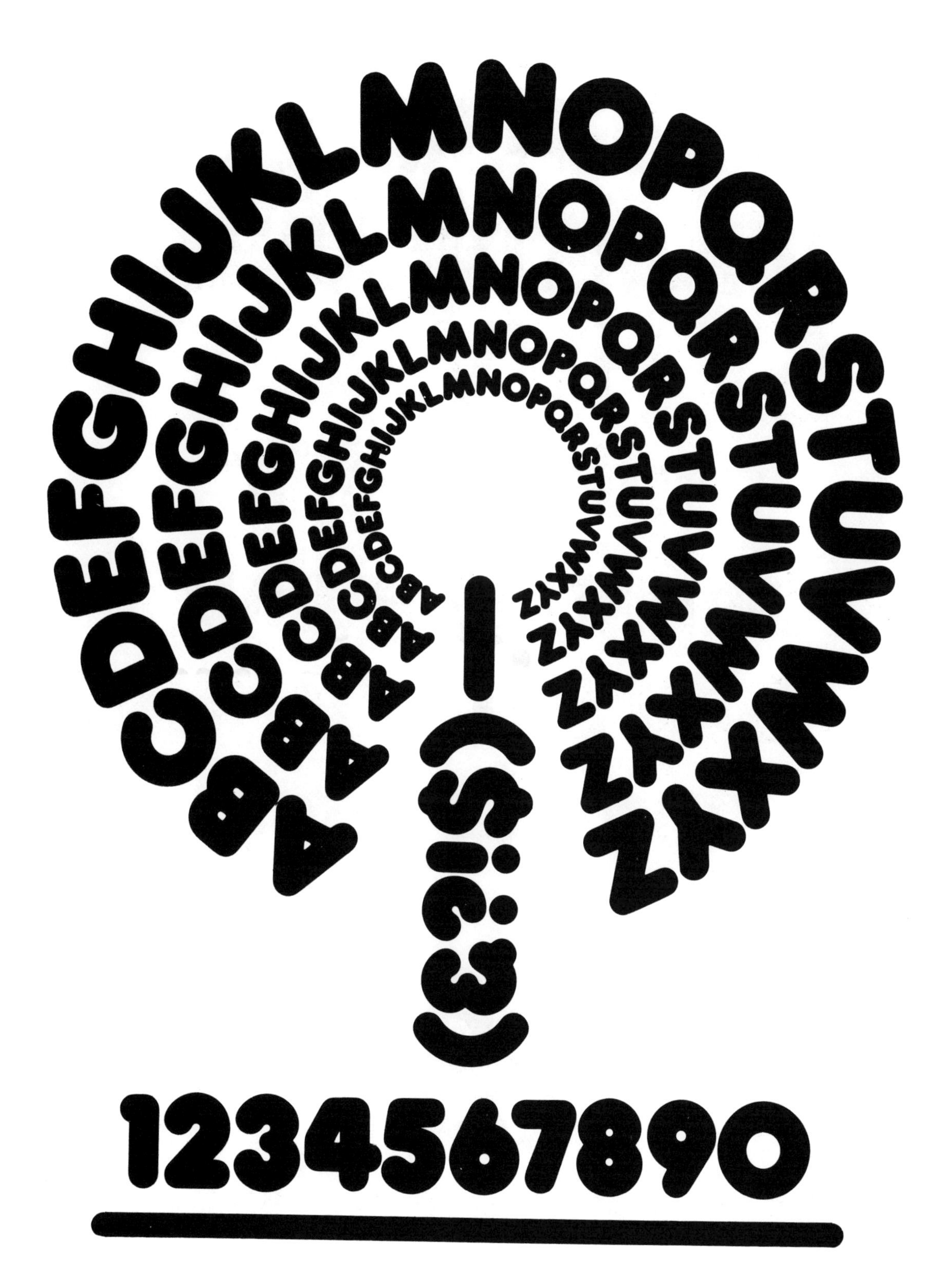

Futura Display

ABCDEFGHIJKLM
NOPQRSTTUVWXYZ

abcdefghijklm
nopqrstuvwxyz

1234567890

[&$¢/.,:;''""!?-*]

Gill Sans Light

ABCDEFGHI
JKLMNOPQRS
TUVWXYZ
abcdefghijklmno
pqrstuvwxyz

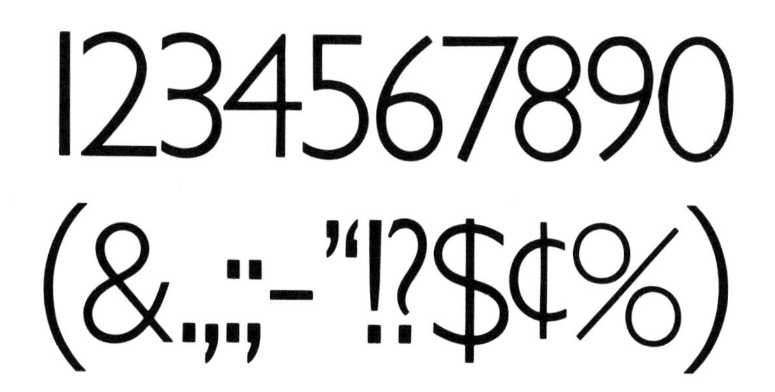
1234567890
(&.,:;-"'!?$¢%)

Gill Sans Light Italic

1234567890

(&$$¢//,.;:!?“”–)

Gill Sans Bold Italic

Gill Sans Bold Extra Condensed

ABCDEFGHIJKLMN
OPQRSTUVWXYZ

abcdefghijk
lmnopqrstuvwxyz

1234567890
(&.,:;-’‘!?$¢£%)

Gill Kayo

ABCDEFGH
IJKLMNOPQR
STUVWXYZ

abcdefghi
jklmnopqr
stuvwxyz

1234567890
(&.,:;-’‘!?$¢£)

Granby
ABCDEFGHI
JKLMNOPQRS
TUVWXYZ
abcdefghijklmn
opqrstuvwxyz
1234567890
(&.,:;-'"!?$¢£)

Granby Elephant

ABCDEFGHI
JKLMNOPQRS
TUVWXYZ

abcdefghijklmn
opqrstuvwxyz

1234567890
(&.,:;-'"!?$¢£)

Handel Gothic Light

A Æ B C D E F G H
I J K L M N O P Q R
S T U V W X Y Z

a b c d e f g h i j k l m
n o p q r s t u v w x y z

1 2 3 4 5 6 7 8 9 0

(& $ ¢ / . , : ; ? ! – " ^ \ / ° ¨ « » ® +)

abcdefghijklmn
opqrstuvwxyz

1234567890
(&.,:;-!?$¢£%)

Helvetica Bold

ABCDEFGHI
JKLMNOPQRS
TUVWXYZ

abcdefghijklm
nopqrstuvwxyz

1234567890

(&$$£-!?¢¢%%//*)

Helvetica Extrabold Condensed

ABCDEFGHIJKL
MNOPQRSTUVWXYZ

abcdefghijkl
mnopqrstuvwxyz

1234567890

(&$$£.,:;'""-!?¢%/*)

Helvetica Thin

abcdefghijklmno
pqrstuvwxyz

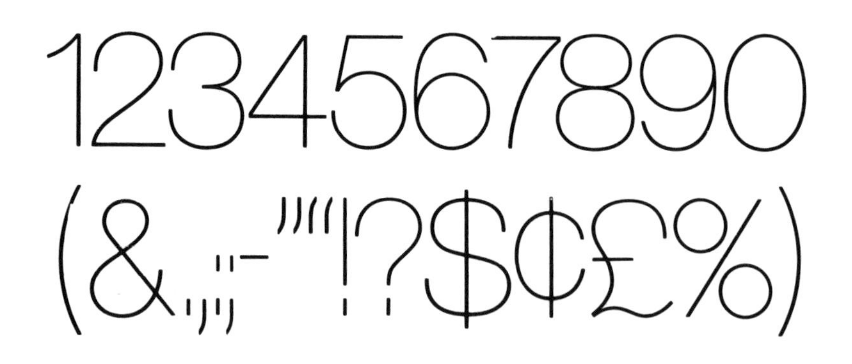

ABCDEFGHIJKLM
NOPQRSTUVWXYZ

abcdefghijklm
nopqrstuvwxyz

(&$$¢¢/:;.,.,‘“”!?-.*)

Harry Heavy

ABCDEFGHIJKLM
NOPQRSTUVWXYZ

abcdefghijklm
nopqrstuvwxyz

1234567890

(&$¢$¢/.,:;‘“”!?-·*)

Harry Obese

ABCDEFG
HIJKLMNOPQ
RSTUVWXYZ

abcdefghijklm
nopqrstuvwxyz

1234567890
(&$$¢¢/.,:;‘’!?-.*)

Huit Medium

ABCDEFGHI
JKLMNOPQRS
TUVWXYZ

abcdefghijklmnop
qrstuvwxyz

1234567890
(&.,:;!?`"$¢£)

Impact

ABCDEFG
HIJKLMNOPQR
STUVWXYZ

abcdefghijklm
nopqrstuvwxyz

1234567890

(&$$¢¢/.,:;!?‘“-•*)

Information

ABCDEFGHI
JKLMNOPQR
STUVWXYZ

abcdefghi
jklmnopqr
stuvwxyz

1234567890

(&$¢¢/.,:;‘‘’’!?-*)

Inserat Grotesk

ABCDEFGHIJKLMNOPQR
STUVWXYZ

abcdefghijklmnopqrstuvwxyz

12345 1234567890 67890

[(&$$£.,.,:;'"'""-!?¢%/*§†)]

Inverserif Heavy

ABCDEFGHI
JKLMNOPQR
STUVWXYZ

abcdefghijk
lmnopqrst
uvwxyz

1234567890
(&.,:;-’‘?!$¢£)

Jana

ABCDEFGH
IJKLMNOPQRS
TUVWXYZ

abcdefghijklmnop
qrstuvwxyz

1234567890
(&.,:;-–'‘’“”!?*$¢%/)

Jay Gothic Bold

ABCDEFGGHIJKLM
NOPQRRSTUVWXYZ

abbcddefggg
hijjklmmnnoppqqrr
sttuuvwxyyz

1234567890

(&$$¢$$¢/.,:;!?“”\/–*)

Kabel Light

abcdefghijklm
nopqrstuvwxyz

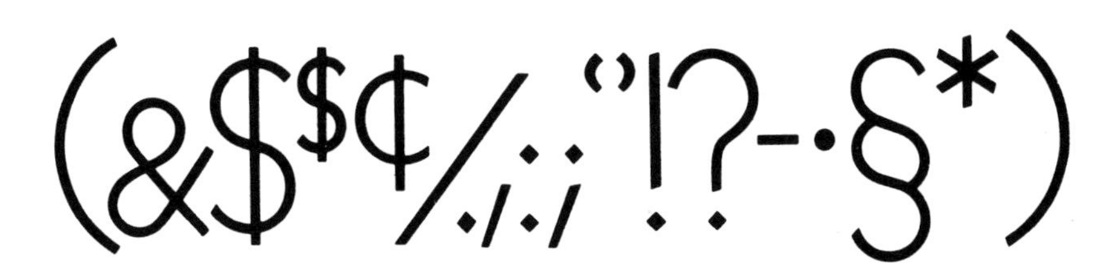

ABCDEFG
HIJKLMNOPQRS
TUVWXYZ

abcdeffghijklm
nopqrstuvwxyz

1234567890

(&$¢.,:;"!?-)

Kabel Bold Condensed

ABCDEFGHIJKLM
NOPQRSTUVWXYZ

abcdefghijklm
nopqrstuvwxyz

1234567890

(&$$¢¢/ß:;''!?-§†*)

Kabel Heavy

ABCDEFG
HIJKLMNOPQR
STUVWXYZ

abcdefghijklm
nopqrstuvwxyz

1234567890

(&$$¢.,:;-'"?!)

Lightline Gothic

LIMITED VIEW

AaBbcdde
FfGgHhIiJ
Jj Kk Ll Mm Nn Op
Pp Qq Rr s
Tt Uv Wx Yy Z

1234567890
(&:;-'"!?¢$%)

LINCOLN GOTHIC

ABCDEFG
HIJKLMNOPQRR
STUVWXYZ

1234567890
(&.,:;'"""!?-–%/$¢*)

MACHINE

ABCDEFG
HIJJKLMNOPQR
STUVWXYZ

aeimnr

1234567890

[&$¢¢/£.,:;!¡?¿''"-—*]

Marcos Face

ABCDEFGHIJKLMN
OPQRSTUVWXYZ

abcdefghijklmn
opqrstuvwxyz

1234567890
(&.,:;-''!?$¢£)

Modula

abcdefghijklmno
pqrstuvwxyz

1234567890
(&.,:;’‘’?!*$¢$¢%£)

Modula Extra Bold

ABCDEFGHI
JKLMNOPQR
STUVWXYZ

abcdefghijklmn
opqrstuvwxyz

*

1234567890
(&.,:;’‘-?!$¢)

News Gothic Extra Condensed

ABCDEFGHIJKLM
NOPQRSTUVWXYZ

abcdefghijklm
nopqrstuvwxyz

1234567890

(&$¢/.,:;“”!?-*)

News Gothic Bold Condensed

ABCDEFG
HIJKLMNOPQRS
TUVWXYZ

abcdefgghijklm
nopqrstuvwxyz

1234567890
(&$$¢/.,:;'-!?''''*)

ABCDEFG
HIJKLMNOPQRS
TUVWXYZ

abcdefghijklm
nopqrstuvwxyz

1234567890

[&$$¢/.,:;?!‐‒–—''""*]

Olive Antique

ABCDEFG
HIJKLMNOPQRS
TUVWXYZ

abcdefghijklm
nopqrstuvwxyz

11234567890

(&$$¢/.,:;"!?-*)

Olive Antique Bold

ABCDEFG
HIJKLMNOPQRS
TUVWXYZ

abcdefghijklm
nopqrstuvwxyz

11234567890

(&$$¢/.,:;"!?-·*)

Optima Black

ABCDEFG
HIJKLMNOPQR
STUVWXYZ

abcdefghijklm
nopqrstuvwxyz

1234567890

(&$$¢¢/.,:;''!?–·*)

Othello

ABCDEFGHIJKLM
NOPQRSTUVWXYZ

abcdefghijklm
nopqrstuvwxyz

1234567890

[&$¢/$¢.,:;-!?‘’*]

Pascal

1234567890

(&.,;:!?$¢£%)

Peignot Light

ABCDEFGHIJKLM
NOPQRSTUVWXYZ

abcdefghijklm
nopqrstuvwxyz

1234567890

(&$¢/.,:;-'!?*)

Peignot Bold

ABCDEF
GHIJKLMNOPQR
STUVWXYZ

abcdefghijklmnop
qrstuvwxyz

1234567890
1234567890

(&$£.,:;''-!?¢%/*)

PERMANENT HEADLINE

ABCDEFGHIJKL
MNOPQRSTUVWXYZ

1234567890

(&$$££!?¢¢%%//*‹›§)

Permanent Massiv

ABCDEFG
HIJKLMNOPQR
STUVWXYZ

abcdefgghijjklm
nopqqrstuvwxyyz

1234567890

[&$$$¢¢/.,:;"-!?*]

Radiant Bold

ABCDEFGHI
JKLMNOPQRS
TUVWXYZ

abcdefghijklmn
opqrstuvwxyz

1234567890
[&.,:;-'"!?$¢£%]

Radiant Heavy

ABCDEFGHI
JKLMNOPQR
STUVWXYZ

abcdefghijklm
nopqrstuvwxyz

1234567890
[&.,:;-"'!?$¢£%]

Rolling Extra Bold

ABCDEFGHI
JKLMNOPQR
STUVWXYZ

abcdefghijklm
nopqrstuv
wxyz

1234567890
[&.,:;-'‘“”?!$¢£]

Ronda Light

AABCDEFGHIJ
KKLMMNOPQQ
RSSTUVWXYZ

aabccdeefgghijjkklm
nopqrrssttuvwxyyz

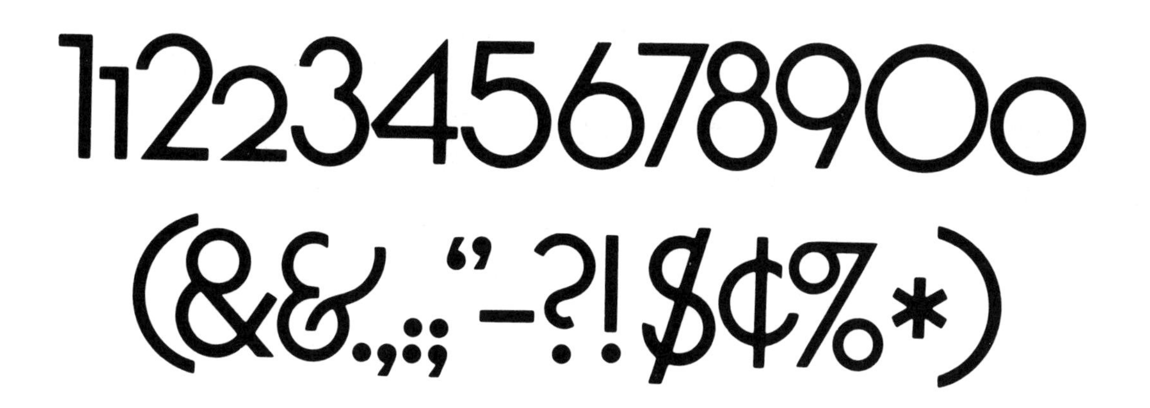

Ronda Bold

AABCDEFGHIJ
KKLMMNNOPQQ
RSSTUVWXYZ

aabccdeefgghijkk
lmnopqrrssttu
vwxyyz

11223456789O0
(&&.,:;"-?!$¢%)

Roslyn Gothic Medium

ABCDEFGHIJKLM
NOPQRSTUVWXYZ

abcdefghi
jklmnopqr
stuvwxyz

1234567890
[&.,:;!?'“”-—·*$¢%/£]

Roslyn Gothic Bold

ABCDEFGHIJKLM
NOPQRSTUVWXYZ

abcdefghi
jklmnopqr
stuvwxyz

1234567890
[&.,:;!?'“”-–·*$¢%/£]

Serif Gothic Light
ABCDEEFG
HIJKLLMNOPQR
STUVVWXYZ
abcdeeffghij
kklmnopqrrss
ttuvwxyzz
123456788900

Serif Gothic Black

ABCDEEFG
HIJKLLMNOPQR
STUVWXYZ

abcdeefffghij
kklmnopqrrss
ttuvwxyzz

1234567888900

((&$¢/.,:;!?"%-*))

Serpentine Light

1234567890

(&.,:;-”“?!$¢£)

Serpentine Bold

ABCDEFGHI
JKLMNO
PQRSTUVW
XYZ
abcdefghijkl
mnopqrst
uvwxyz

1234567890
(&.,:;-’“?!$¢)

aabcdefg

hijklmnopqrs

tuvwxyz

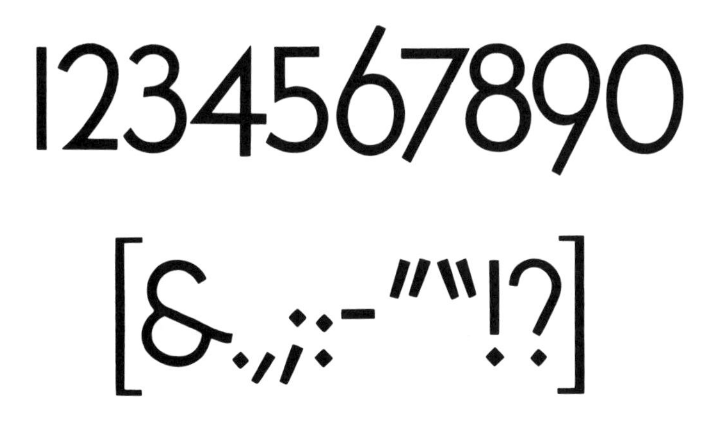

Sol Fat

ABCDEFGHI
JKLMNOPQRS
TUVWXYZ

abcdefghijklmn
opqrstuvwxyz

*

1234567890
(&.,:;-—’“?!%$¢£)

Solitaire

mnopqrstuvwxyz

1234567890

(&$$.,:;'“”-–—!?¢¢%%//**)

Soul Bold

AAABCCCDEEE
FFFGGHIJKLMM
NNOPQRSS/T
UVWWXXYYZ

aabcccdeeefgh
ijklmnopqrrss/stt
uvwwxxyyz

12345567890
(&$$¢¢.,:;''""!?-%/*)

ABCDEFG
HIJKLMNOPQR
STUVWXYZ

abcdefghijklmnop
qrstuvwxyz

1234567890

(&$$.,:;'“”-!?¢¢%%//*)

Tamil Light

ABCDEFGHIJ
KKLMNOPQRSS
TUVWXYZ

abcdeefgghijkl
mnopqrsstu
vwxyyyz

1234567890
(&.,:;-''""!?$¢£%)

Tamil Black

ABCDEFGHIJ
KKLMNOPQRSS
TUVWXYZ

abcdeefgghijkl
mnopqrsstu
vwxyyz

1234567890
(&.,:;‘’“”-!?$¢£%)

Tasmin Bold

ABCDEFFGGHIIJ
KKLMNOPQRSS
TUVWXXYYZZ

aabcdefgghijklmn
opqrsstuvwxyyz

1234567890
(&.,:;-"!?$¢£ß&)

Tempor Medium

ABCDEFGHI
JKLMNOPQR
STUVWXYZ

abcdeffghijkl
mnopqrrsstt
uvwxyyz

1234567890
(&:;-'"!?¢$%)

Univers 49

ABCDEFGHIJKLM
NOPQRSTUVWXYZ

abcdefghijklm
nopqrstuvwxyz

1234567890

(&$$¢¢/.,:;!?’”-—*)

Univers 59

ABCDEFGGHIJKLM
NOPQRSTUVWXYZ

abcdefghijklm
nopqrstuvwxyz

1234567890

(&$$¢¢/.,.:;!?'-*)

Vero Block Medium

AABCDEFGHIJ
KKLMNOPQRSTU
VVWWXXYYYZ

abcdefghijklmnop
qrstuvwxyz

1234567890
(&.,:;!?'“”-—·*$¢%/£)